Alina Tofan

O papel dos factores externos no processo político da República do Quirguizistão

Alina Tofan

O papel dos factores externos no processo político da República do Quirguizistão

ScienciaScripts

Imprint

Any brand names and product names mentioned in this book are subject to trademark, brand or patent protection and are trademarks or registered trademarks of their respective holders. The use of brand names, product names, common names, trade names, product descriptions etc. even without a particular marking in this work is in no way to be construed to mean that such names may be regarded as unrestricted in respect of trademark and brand protection legislation and could thus be used by anyone.

Cover image: www.ingimage.com

This book is a translation from the original published under ISBN 978-3-659-58376-6.

Publisher:
Sciencia Scripts
is a trademark of
Dodo Books Indian Ocean Ltd. and OmniScriptum S.R.L publishing group

120 High Road, East Finchley, London, N2 9ED, United Kingdom
Str. Armeneasca 28/1, office 1, Chisinau MD-2012, Republic of Moldova, Europe
Printed at: see last page
ISBN: 978-620-7-97312-5

ÍNDICE DE CONTEÚDOS:

CAPÍTULO 1

A ÁSIA CENTRAL COMO OBJECTO DE COMPETIÇÃO GEOPOLÍTICA ENTRE ACTORES MUNDIAIS

"Os processos que se desenrolam no espaço pós-soviético podem ser considerados uma das fábulas centrais da política mundial contemporânea. É um dos seus sulcos mais dinâmicos, dramáticos e agudos, com uma multiplicidade de linhas e vectores multidireccionais, um complexo entrelaçamento de forças e factores heterogéneos, instabilidade e tendências contraditórias. [1]É aqui que se reflectem e se entrelaçam a maior parte dos principais fenómenos, questões dolorosas e contradições da fase moderna da história", - esta tese de E.A. Narochnitskaya caracteriza as especificidades da atual conjuntura política no espaço pós-soviético e na Ásia Central em particular.

A Ásia Central é um espaço geopolítico mediano que tem sido tradicionalmente importante tanto a nível mundial como regional. Durante muitos séculos, a região da Ásia Central desempenhou um papel preponderante na política mundial e, atualmente, a sua importância foi ainda mais reforçada. Ocupando uma posição geopolítica estratégica, estando na encruzilhada de civilizações, possuindo os mais ricos recursos naturais e vantajosas vias de transporte e comunicação, a região concentra interesses vitais do Ocidente, do Oriente e da Rússia. O geógrafo e geopolítico inglês X. Mackinder defendia que a hegemonia sobre o mundo só é possível se se controlar a Eurásia, de que faz parte a região da Ásia Central - a Ilha do Mundo, cujo coração é o Heartland (o território que vai do Volga ao Yangtze, dos Himalaias ao Ártico): "Quem controla a Europa comanda o Heartland; quem controla o Heartland comanda a Ilha do Mundo, quem controla a Ilha do Mundo comanda o mundo."[2]

Devido à sua singularidade, a região da Ásia Central é um objeto de concentração de interesses não só geopolíticos mas também económicos de várias potências. A atratividade económica da Ásia Central é representada por reservas significativas de recursos naturais. A Ásia Central é uma reserva importante para a diversificação dos hidrocarbonetos e das suas rotas de transporte. Este é outro aspeto que explica por que razão os países da Ásia Central atraem a atenção das potências mundiais. Para a Rússia, a Ásia Central também é importante

---

[1] *Narochnitskaya E.A.* O espaço pós-soviético no mosaico mundial e a estratégia dos EUA *E* http://www. perspektivy. mfo/book/postsovetskoje prostranstvo v mirovoj mozaike i strategii ssha 2008- 05-15.htm

[2] *Trifkovic S.* Geopolitics of the New Multipolarity. Conferência na IJU, 27 de maio de 2014 // http://www.idc-europe.org/ru/-Геополитика-новой-мультиполярности-

porque a segurança das suas exportações de petróleo e gás depende diretamente dos países fronteiriços pelos quais transitam os recursos energéticos.

A Ásia Central surge hoje como um local de concentração de vários interesses globais e regionais, bem como de numerosos interesses bilaterais, sendo objeto da atenção dos modernos centros de poder, o que automaticamente torna os seus parceiros não só Estados fronteiriços, mas também Estados bastante distantes. No mundo global, esta separação não existe: as grandes potências são capazes de exercer a sua influência e gerar impulsos poderosos na política e na economia praticamente em qualquer canto do globo.

Ao longo das últimas décadas, o quadro geopolítico na Ásia Central sofreu uma série de alterações qualitativas. Desde cerca de 2001, os Estados Unidos têm vindo a conquistar nichos livres, não só sem resistência mas, além disso, com o consentimento dos próprios Estados. Podemos afirmar que a era do domínio ilimitado da Rússia na região está a chegar ao fim. Surgiram novos actores geopolíticos na região, que defendem insistentemente os seus interesses, nem sempre considerando (ou não considerando de todo) a opinião da diplomacia russa.

A competição entre o Ocidente, representado pelos Estados Unidos, e a Rússia pela Ásia Central pode ser designada como uma competição entre as civilizações ocidental e eurasiática. Convém sublinhar que são os Estados Unidos que representam a civilização ocidental. Atualmente, a União Europeia está completamente dependente de Washington - é um satélite americano, que não tem oportunidade de conduzir a sua política externa de forma soberana e de decidir questões importantes de forma independente.

A UE só ganhará soberania depois de as relações entre Washington e Bruxelas mudarem radicalmente. No entanto, atualmente, a Europa segue os Estados Unidos em muitos aspectos. Esta governação externa explica-se pelo facto de o poder ser hoje detido por elites financeiras estreitamente ligadas ao Sistema de Reserva Federal dos Estados Unidos, que, como é óbvio, praticam uma política que visa apenas a realização dos seus próprios interesses. As elites industriais da União Europeia, que estão mais interessadas na cooperação com os Estados pós-soviéticos, estão numa posição subordinada em relação a eles.

Assim, ao alargar as zonas de interesses vitais dos EUA à escala de todo o planeta, e o conteúdo desses interesses - ao controlo dos recursos naturais, demográficos e económicos de outros países, bem como ao fixar o monopólio exclusivo do uso da força nos assuntos internacionais para a máquina militar-diplomática americana, os EUA asseguram a sua posição dominante no mundo, apoiados pelo incomparável complexo militar-industrial americano.

Os Estados Unidos são uma superpotência que desempenha um papel independente e decisivo na política mundial, pondo de lado as formalidades legais dos modelos existentes de direito internacional, procurando estabelecer um determinado modelo de política mundial e assegurar o controlo total dos processos políticos em todo o mundo, incluindo no espaço pós-soviético.

A Rússia está a desenvolver a sua própria alternativa ao atlantismo - o eurasianismo, uma aliança estratégica supranacional de países e culturas que vivem num único continente e estão unidos por uma missão histórica comum, concebida para colidir com a iminente "ordem mundial" sob a égide dos Estados Unidos.

É de salientar que as elites políticas dos Estados da Ásia Central também contribuíram muitas vezes para a intensificação da concorrência russo-americana na região, a fim de concretizarem os seus próprios interesses económicos ou políticos, bem como para reforçarem as suas próprias posições de poder através do confronto entre Moscovo e Washington. Isto ocorreu tanto em resultado das interações oficiais quotidianas, quando os dirigentes estatais tentam manobrar através da rivalidade entre Moscovo e Washington, como em momentos específicos, quando os Estados mudam a orientação da sua política externa para obterem patrocínio político e assistência material. Um exemplo é o Uzbequistão, que muda constantemente a orientação da sua política externa, quer aderindo à OTSC, quer tornando-se membro do GUAM. O democratismo dos Estados pós-soviéticos não é, muitas vezes, mais do que uma forma política de resolver os seus problemas internos com a ajuda dos recursos materiais dos EUA.

Os líderes dos Estados da região utilizam frequentemente as relações com a UE e os EUA como um instrumento para pressionar a Federação Russa em seu próprio benefício. Também se pode constatar que a intensificação das relações entre os EUA e a UE, por um lado, e os Estados da região, por outro, é quase sempre acompanhada por uma deterioração das relações entre a Rússia e a UE e os EUA.

Para os EUA, o chamado "pentágono regional da Eurásia Central" - Europa Centro-Oriental e Balcãs - Cáucaso - Ásia Central - Médio Oriente - Médio Oriente - é estrategicamente importante.[3]

Os Estados Unidos estão a envidar todos os esforços para conquistar uma posição forte na Ásia Central, porque o domínio dos EUA na Eurásia significa, na realidade, o estabelecimento da unipolaridade nas relações internacionais, o que a Federação Russa não deve permitir categoricamente. A. Arsenenko, um investigador russo, chamou à política dos EUA no espaço pós-soviético "uma cruzada do imperialismo americano contra as antigas repúblicas soviéticas".[4]

Outro objetivo da política seguida pelos EUA é "espremer" a Rússia para fora do espaço pós-soviético, uma vez que sem este último é praticamente impossível considerar a Rússia como um ator geopolítico sério.

Neste ponto, devemos prestar especial atenção ao facto de os EUA realizarem não só e não tanto os seus próprios interesses nacionais, mas também os interesses de várias empresas transnacionais, que há muito ocupam um lugar firme entre os principais sujeitos dos processos históricos e políticos mundiais, são o principal determinante das relações internacionais, da política e da economia mundiais, sendo a principal fonte de fluxo de capitais sob a forma de investimentos diretos.

Ao mesmo tempo, deve notar-se que o principal objetivo das modernas multinacionais americanas é aumentar o mercado e não aumentar os lucros. As empresas transnacionais precisam de um clima favorável ao investimento na região, em particular, uma posição económica favorável, proteção dos interesses dos investidores, vantagens financeiras, fiscais e outras, o que é conseguido através da criação de governos fantoches financiados e subsidiados por estas próprias empresas na pessoa dos Estados Unidos. As empresas transnacionais americanas atribuíram aos Estados da Ásia Central o papel de um chamado apêndice de matérias-primas.

É interessante notar que esta estratégia começou a ser utilizada nos anos que se seguiram à Segunda Guerra Mundial, quando o Conselho de Negócios Estrangeiros dos EUA apresentou o conceito de "Planeamento de Grandes Zonas", em que uma "grande zona" é uma área "estrategicamente necessária para o controlo mundial". Portanto, neste caso, a Ásia Central é precisamente esta "grande zona".

---

[3] Ver: *Shmakov I.* US offensive in the post-Soviet space // http://www.posprikaz.ru/ 2012/03/ nastuplenie-ssha-na-postsovetskom-prostranstve/.

[4] *Arseenko A.* Como o imperialismo dos EUA "tritura" o espaço pós-soviético // http://left.ru/2007/17/arseenkol69.phtml

No que diz respeito aos instrumentos utilizados pelos Estados Unidos para a prossecução dos seus interesses estratégicos, é de notar que a política externa dos Estados Unidos tem várias fases. A fase preparatória baseia-se em métodos ofensivos de influência.

Assim, se um Estado declarar a sua posição neutra em relação aos Estados Unidos, então, em primeiro lugar, as autoridades americanas colocam a tónica principal na sua diplomacia na violação dos direitos humanos nesse país. Em seguida, o Estado é convidado a cooperar com o objetivo de estabilizar a situação no respeito pelos princípios democráticos. Se a política externa do Estado mudar positivamente em relação aos EUA, então as acções de Washington mudam. As acusações a nível estatal de violações dos direitos humanos são substituídas por declarações sobre a "melhoria" da situação neste domínio. A terceira fase é a instalação de bases militares americanas no território de um determinado Estado. A presença militar dos EUA no território de um Estado exige não só um regime pró-americano, mas também uma elite pró-americana e, melhor ainda, os seus representantes no poder. Finalmente, a quarta fase é a fase de consolidação da sua presença. Nesta fase, voltam a ser feitas acusações de violação dos direitos humanos e das liberdades e as agências diplomáticas norte-americanas começam a formar uma "oposição democrática" cuja tarefa será finalmente reforçar a posição dos EUA no Estado em questão.[5] O Washington Post escreveu uma vez que "os EUA devem atuar com mais vigor para travar a erosão da democracia".[6]

S. Talbot, antigo Primeiro Secretário de Estado Adjunto dos Estados Unidos, delineou quatro domínios que os Estados Unidos utilizam como mecanismos de "soft power". São elas, em primeiro lugar, a promoção e o desenvolvimento da democracia e a formação da sociedade civil. Em segundo lugar, a criação de uma economia de mercado livre e o estímulo e forçamento dos processos de privatização. Em terceiro lugar, ajudar a resolver os conflitos susceptíveis de pôr em causa a estabilidade regional. E, por último, promover a integração dos pequenos Estados da região na comunidade mundial.[7]

[8]Um ponto de vista interessante de alguns investigadores é o de que os métodos de implementação da política dos EUA na Ásia Central são semelhantes aos métodos da

---

[5] Ver: *Moshkina V*. Competição russo-americana na Ásia Central / Coleção de artigos científicos "Região da Ásia Central: dinâmica política e socioeconómica moderna" - B., 2011. - C. 120.
[6] *Shchukin D*. Vento ocidental para a tempestade do Médio Oriente. Que variante da ordem mundial pode a Rússia oferecer atualmente? // http://www.centrasia.ru/newsA.php?st=1299056460
[7] Ver: *Ziegler* C US Strategy in Central Asia and the SCO / MEMO. - 2005. - № 4. - C. 14.
[8] Ver: *Dashichev V*. A política dos EUA no espaço pós-soviético em comparações históricas // http://www.km.ru/spetsproekty/2011/06/25/istoriya-sssr/amerikanskaya-politika-na-postsovetskom-   prostranstve-v-istoric

liderança da Alemanha nazi, tal como delineados no Plano Geral "Ost", com o qual estão relacionadas as intenções de destruir o Estado russo, a fragmentação da URSS e o isolamento das repúblicas da União, utilizando o princípio de "dividir para reinar".

É de notar aqui que o objetivo dos EUA não é simplesmente neutralizar o "imperialismo russo", mas eliminar a possibilidade de um contrapeso aos EUA, levando os padrões ocidentais de democracia e reformas de mercado aos Estados da Ásia Central. Alguns decisores políticos americanos acreditam que a presença da Rússia nos Estados da Ásia Central pode afetar negativamente o potencial de transformação democrática nestes Estados e minar a sua soberania.[9]

A Rússia, em resposta ao desejo dos EUA de alterar as prioridades das políticas interna e externa dos Estados da Ásia Central, não tem outra alternativa senão assumir a posição de estabilizador da situação nos Estados. Ao mesmo tempo, deve ser sublinhado que a Federação Russa está a realizar exclusivamente os seus interesses nacionais. Um meio importante através do qual a Rússia pode aumentar a sua influência e reforçar a sua presença no contexto da concorrência geopolítica com os Estados Unidos é a chamada "criação de blocos estruturais", ou seja, a criação de várias associações e uniões de integração com o objetivo de unir vários grupos de Estados pós-soviéticos. Essas associações poderiam ser a União Aduaneira e o Espaço Económico Eurasiático, com a perspetiva de se transformarem na União Económica Eurasiática, cujos membros reforçariam significativamente as suas posições face ao resto da comunidade mundial.[10]

Assim, para contrariar o antiatlantismo agressivo, a Rússia utiliza métodos bastante suaves, mas ao mesmo tempo eficazes:

1) manter alianças militares e políticas e tentar criar novas alianças;

2) Utilização de métodos económicos de cooperação

3) a difusão da influência através de estruturas de integração (união aduaneira).

Numa tentativa de manter a Ásia Central e o espaço pós-soviético em geral, os diplomatas russos desenvolveram o princípio da "geometria móvel", que é ativamente utilizado hoje em dia, graças ao qual os Estados pós-soviéticos, tendo em conta os seus

---

[9] Ver: *Trotsky M., Charap S.* Relações russo-americanas no espaço pós-soviético. Como ultrapassar o jogo de soma zero? / Relatórios do Grupo de Trabalho sobre o Futuro das Relações Russo-Americanas. - 2011. - № 1. - C. 15.
[10] Ver: *Larin A.G.* Towards the assessment of China's economic activities in the post-Soviet space in the light of Russian interests // http://www.ifes-ras.ru/publications/monograph/591_-k-oczenke-ekonomicheskoj_-_deyatelnosti-kitaya-na-postsovetskom-prostranstve-v-svete-rossijskix-interesov

interesses políticos, económicos, estratégicos e outros, podem assinar acordos e tratados interestatais com a possibilidade de reservas e tendo em conta as suas próprias opiniões divergentes.

É de notar que a presença dos Estados Unidos na Ásia Central e a sua concorrência com a Rússia não resultam em quaisquer transformações positivas. "Uma política baseada na noção de competição entre os EUA e a Rússia também dificulta o desenvolvimento político e económico da Eurásia pós-soviética e contribui para o "congelamento" de conflitos não resolvidos. Assim, a agitação no Quirguistão no início de 2010 foi em grande parte causada pelas acções de Moscovo e de Washington em relação a Bishkek. Os EUA e a Rússia não se acanharam em envolver-se em negociações indecorosas pelo direito de instalar uma base militar no país. Este facto só serviu para reforçar o poder de uma camarilha extremamente corrupta e impopular entre os quirguizes. Para além do Quirguistão, um exemplo paradigmático é a Ucrânia, onde a perceção de uma rivalidade aguda entre os EUA e a Rússia aprofundou a divisão cultural e linguística na sociedade, dificultando a autodeterminação nacional de todos os cidadãos ucranianos".[11]

A inclinação dos vectores da política externa dos Estados da Ásia Central para os Estados Unidos ou para a Rússia implica mudanças políticas internas significativas. A primeira fase das relações entre os Estados da Ásia Central e os Estados Unidos abrange os anos 1991-1995, ou seja, desde a altura da independência. Esta fase caracteriza-se por um nível mínimo de envolvimento dos EUA nos processos internos da região. Nesta fase, são definidas as principais posições dos EUA sobre a Ásia Central e é formada a base institucional para a participação dos EUA na reforma das esferas política, económica e social dos Estados da região. Durante este período, a Ásia Central ocupa um dos últimos lugares na estratégia de política externa dos EUA.

A mudança ocorre a partir de 1995, quando os Estados Unidos incluem a região na esfera dos seus interesses políticos, económicos e militares. A segunda fase das relações CA-EUA (1995-1999) caracteriza-se pela entrada ativa dos EUA na Ásia Central através de instituições financeiras internacionais e de blocos político-militares controlados pelos EUA. Nesta fase, os Estados Unidos formaram um lobby pró-americano nos Estados da região, proporcionando aos cidadãos a oportunidade de participarem em programas educativos,

---

[11] *Trotsky M., Charap S.* Relações russo-americanas no espaço pós-soviético. Como ultrapassar o jogo de soma zero? / Relatórios do grupo de trabalho sobre o futuro das relações entre os EUA e a Rússia. - 2011. - № 1. - C. 18.

atraindo os Estados da Ásia Central para participarem em organizações económicas e políticas ocidentais e apoiando ativamente a liderança das repúblicas nesse sentido. Em particular, através de instituições financeiras globais, bem como numa base bilateral, os EUA começaram a impor aos governos dos Estados da região uma transferência mecânica de modelos de mercado liberais sem ter em conta as peculiaridades internas, o que, por exemplo, no caso do Quirguizistão resultou numa privatização generalizada, no colapso do complexo industrial herdado dos EUA, na destruição do sector real da economia e na perda de laços económicos com a Federação Russa.

Além disso, os EUA começaram a conceder empréstimos preferenciais activos às economias da região, o que, de facto, substituiu a prática de subsidiar as economias do centro durante a era soviética. Ao mesmo tempo, o objetivo da reforma das economias não era expandir os laços comerciais e económicos com a região, mas explorar financeiramente as repúblicas através de um sistema de empréstimos preferenciais. Consequentemente, os EUA começaram a determinar os principais vectores da política fiscal e monetária nos Estados da Ásia Central. A crescente dependência financeira dos EUA tornou os Estados economicamente fracos da região reféns dos interesses políticos e militares dos EUA.

Desde 2000, os Estados Unidos têm sido ainda mais activos na influência dos processos internos da região. A terceira fase das relações (2000-2010) é definida pela penetração generalizada dos Estados Unidos na Ásia Central. Os Estados Unidos declaram a sua responsabilidade pela democratização, segurança e estabilidade da região, estabelecem regimes políticos controlados por Washington e consolidam a sua presença militar e política, concretizando assim o seu projeto de dominação mundial.[12] O desenvolvimento da parceria EUA-Usbequistão conduziu a um aumento da retórica anti-russa e as autoridades usbeques decidiram substituir a Federação Russa como principal fornecedor de armas ao exército do RU. Em 2001, o Usbequistão disponibilizou o seu território para acolher uma base aérea militar dos EUA. Em abril de 2002, o Presidente Karimov I. do Uzbequistão salientou que os EUA tinham contribuído ativamente e desempenhado um papel decisivo no desanuviamento das tensões no sul da república. Simultaneamente, sublinhou que os participantes na CST não tinham dado provas de qualquer espécie. A cooperação ativa entre o Usbequistão e os EUA prosseguiu até 2005, quando os dirigentes usbeques acusaram as organizações ocidentais e o

---

[12] Ver: *Omarov N.M.* Foreign policy of the Kyrgyz Republic in the era of "strategic uncertainty". - Б., 2005. - C. 165.

Governo dos EUA de organizarem os distúrbios em Andijan. O Uzbequistão reduziu a cooperação com os EUA e aprovou uma lei que pôs termo à base de Karshi-Khanabad. No mesmo período, foi aberta uma base da Força Aérea dos EUA na República do Quirguizistão, que existiu até 2014 e foi repetidamente objeto de negociações entre o Governo da República do Quirguizistão, por um lado, e os dirigentes dos EUA e da Federação Russa, por outro.

Assim, com a ajuda do "poder suave" e de outras "intervenções humanitárias", os EUA transformam Estados de sujeitos políticos em objectos do seu jogo geopolítico. Isto afecta frequentemente Estados com uma soberania fraca e elites corruptas capazes de violar a segurança nacional e os interesses do Estado em favor de interesses pessoais egoístas.

A posição mais favorável nesta situação encontra-se nos Estados que possuem uma quantidade significativa de recursos naturais e, por conseguinte, dispõem de meios suficientes para regular de forma independente as suas próprias economias. Por exemplo, o Turquemenistão, que possui reservas significativas de gás natural, conseguiu manter a neutralidade da sua política externa e, até à data, não permitiu que empresas ocidentais explorassem os seus campos. O Cazaquistão, que possui 96% das reservas totais de petróleo da região, está também a aumentar a sua participação nacional em projectos petrolíferos, que na década de 1990 foram transferidos em condições favoráveis para empresas ocidentais.

Com o início da presidência de Donald Trump, a política de Washington em relação à Ásia Central sofreu algumas alterações. Os EUA tencionam suspender as injecções financeiras no Cazaquistão e no Turquemenistão, reduzir significativamente o apoio financeiro ao Quirguizistão e ao Tajiquistão e aumentar apenas ligeiramente os subsídios ao Uzbequistão.[13]

Desde o início do século XXI, com a chegada ao poder de V.V. Putin, iniciou-se uma revisão da política externa da Rússia em relação à Ásia Central. A política externa da Federação Russa em relação à Ásia Central está a ser revista desde o início do século XXI. Começou a intensificar a cooperação com os Estados da Ásia Central, não só a nível político, mas também a nível militar, económico e social. No outono de 2003, uma base aérea russa começou a ser instalada no Quirguizistão e, em 2004, foi estabelecida uma base militar no Tajiquistão, o que confirmou as intenções da Federação Russa de uma presença estratégica na região. Além disso, desde o início da década de 2000, os laços económicos entre a

---

[13] Ver: Vorobyev A. Not One Way: The Interests of the PRC and the Russian Federation in Central Asia // http://expert.ru/2017/07/3/kitaj -i-tsentralnaya-aziya/

Federação Russa e os Estados da região começaram a crescer, o que conduziu inicialmente a um aumento da parte do capital russo na economia dos Estados da Ásia Central e, posteriormente, à formação da União Aduaneira entre a Rússia, a Bielorrússia e o Cazaquistão e à posterior adesão do Quirguizistão à mesma. [14]

Ao mesmo tempo, é de notar que o Cazaquistão tem orientado constantemente as suas aspirações de política externa para a Federação Russa, numa situação diametralmente oposta à dos seus vizinhos na região. O Cazaquistão, um aliado político fiável, que insiste no eurasianismo, apoia a integração pós-soviética e fundou a União Aduaneira e a União Económica Eurasiática, caracteriza-se pela sua posição de liderança na Ásia Central e por um crescimento económico estável.

A cooperação da Ásia Central com a Rússia é igualmente atractiva de um ponto de vista ideológico: o projeto russo de democratização da região pressupõe que os dirigentes das repúblicas determinem de forma independente o calendário e o âmbito da transformação do sistema político, tendo em conta as peculiaridades regionais e sem interferência externa. [15]

Assim, a competição pela Ásia Central está a desenrolar-se entre dois actores fortes - a Rússia e os Estados Unidos, o eurasianismo e o Ocidente. Nesta competição, os Estados da Ásia Central são os objectos da política externa destas potências, que não só não formam os seus próprios vectores políticos, como são forçadas a escolher os modelos de cooperação entre os que lhes são propostos.

A diferença nos métodos e instrumentos desta competição demonstra a atitude real destas potências em relação aos Estados recém-independentes - à estratégia agressiva dos Estados Unidos opõem-se modelos de cooperação bastante suaves oferecidos pela Rússia, uma vez que, devido a peculiaridades históricas, a presença da Rússia na região não se concretiza de forma alguma através de uma coerção forçada.

O resultado desta competição é a divisão da região, anteriormente integral, e, nesta situação, a principal tarefa que a Rússia tem de enfrentar é impedir a interferência dos EUA nos assuntos políticos internos dos Estados da Ásia Central, ultrapassar esta divisão, unir o espaço sob a ideologia do eurasianismo e restaurar o equilíbrio de poder nas relações

---

[14] Ver: *Ormonova A.A.* Cooperation between Russia and Kyrgyzstan in the sphere of economy: history of the issue / Bulletin of A.S. Pushkin Leningrad State University. - 2014. - № 1. - T. 6. - C. 77.
[15] Ver: *Muratalieva 3.* O Quirguizistão está a transformar-se num refém do confronto geopolítico entre a China e a Rússia // https://regnum.ru/news/1866113.html

internacionais. Esta é a única forma de impedir a hegemonia omnipresente dos Estados Unidos que visa a construção de um mundo unipolar.

CAPÍTULO 2

INTERESSES ESTRATÉGICOS DOS EUA, DA RÚSSIA E DA CHINA NA REPÚBLICA DO QUIRGUIZISTÃO

A República do Quirguizistão é um Estado que, devido à sua localização geográfica e à sua política externa leal, se tornou uma arena de interesses conflituantes dos actores políticos mundiais. O Quirguizistão faz parte da Ásia Central, que é geograficamente uma região-chave no mapa político do mundo, onde uma posição de apoio permite controlar o trânsito de hidrocarbonetos e outros recursos estratégicos; a Ásia Central é uma espécie de encruzilhada de civilizações ocidentais e orientais, cujo controlo permitirá estabelecer o controlo sobre quase todo o mundo.

Devido ao facto de, após o colapso da URSS, o Quirguizistão ter enfrentado um grande número de problemas internos, que anteriormente eram resolvidos através de subsídios vindos de cima, na ausência de recursos naturais ou na dificuldade da sua extração, cujos lucros da venda se poderiam tornar uma fonte de reconstituição do orçamento do Estado, o Quirguizistão começou a procurar ativamente aliados de política externa, patronos que pudessem dar crédito à economia, permitindo que o Estado recém-independente se mantivesse à tona. Ao mesmo tempo, a república não definiu uma política externa clara, preferindo falar de uma política multi-vetorial, o que trouxe para o Quirguizistão actores geopolíticos rivais com interesses, objectivos e estratégias completamente opostos. Atualmente, o Quirguizistão, tirando partido da sua localização geográfica conveniente (na Ásia Central e na fronteira direta com a China), está a tentar equilibrar os interesses de três actores globais fundamentais: os Estados Unidos, a Federação Russa e a China.

Desde 1991, os Estados Unidos têm estado ativamente envolvidos nos processos políticos internos da República do Quirguizistão: através de instituições financeiras mundiais, concederam empréstimos à economia e participaram na reforma dos sistemas político e económico. Em geral, porém, os interesses económicos dos EUA no Quirguizistão são menos significativos do que os interesses políticos. O volume de negócios entre os dois países é insignificante e os investimentos americanos na economia do Quirguizistão são mínimos. No entanto, o envolvimento dos EUA nos processos políticos internos é indiscutível: através de organizações não governamentais, os Estados Unidos interferiram no processo eleitoral, conseguiram levar a cabo uma "revolução colorida" e instalaram uma base militar no território da república. Ao longo dos anos de cooperação bilateral, os Estados Unidos forneceram ao

Quirguizistão várias formas de assistência no valor de cerca de 2 mil milhões de dólares. A fim de reforçar a democracia e garantir a transparência e a legitimidade dos processos eleitorais, os Estados Unidos afectaram fundos significativos ao Quirguizistão. Por exemplo, de 2010 a 2016, a ajuda concedida pelos EUA totalizou mais de 17 milhões de dólares. O Quirguistão passou por um grande número de reformas democráticas e liberais com o incentivo dos EUA e, de acordo com a antiga embaixadora dos EUA na República do Quirguistão, Pamela Spratlen, "o Quirguistão é a única democracia emergente na Ásia Central.[16]

Uma nova fase das relações quirguizo-americanas começou em 10 de julho de 2014, quando a base militar dos EUA foi completamente retirada do território do Quirguizistão e a política externa do Quirguizistão se voltou para a Rússia. Em 2015, por iniciativa da parte quirguize, o acordo de cooperação de 1993, ao abrigo do qual o Quirguizistão recebia assistência humanitária, económica e técnica, foi cancelado. Ao mesmo tempo, todos os fornecimentos no âmbito dos programas de assistência e cooperação não estavam sujeitos a pagamentos fiscais e aduaneiros.

Com a retirada da base militar e a denúncia do acordo, os EUA perderam a sua influência política, mas começaram a reforçar ativamente a sua posição na sociedade civil. O Quirguizistão é atualmente o único Estado da Ásia Central onde os tecnólogos políticos dos EUA dispõem de um grande número de instrumentos para implementar as suas estratégias. No território da República do Quirguizistão, os Estados Unidos criaram uma enorme rede de organizações não governamentais, meios de comunicação social, instituições educativas e grupos em redes sociais envolvidos na manipulação da consciência pública. Os Estados Unidos atribuem subsídios para a execução de projectos que, regra geral, visam desacreditar o atual governo e moldar sentimentos anti-russos. Não há dúvida de que os Estados Unidos não tencionam reduzir as relações com o Quirguizistão. Este facto é indiretamente confirmado pela construção do novo edifício da Embaixada dos EUA e do novo campus da Universidade Americana.

Nesta fase, os interesses dos EUA no Quirguistão são prosseguidos no quadro do projeto da Grande Ásia Central, formulado em 2005 e destinado a "democratizar" a região, retirando os Estados da Ásia Central da influência geopolítica russa e unindo-os numa única

---

[16] Embaixador dos EUA: o Quirguizistão é a única democracia em desenvolvimento na África do Sul *E* http://www.vb.kg/doc/279480 posol ssha: kyrgyzstan edinstvennaia razvivaushaiasia demokratiia v ca.h tail

região com o Afeganistão. A retirada da Ásia Central da influência da Rússia é necessária para os Estados Unidos, uma vez que reforçará o isolamento internacional e económico da Rússia, complicará as comunicações entre a Rússia e o Irão e enfraquecerá o controlo da Rússia sobre as ameaças do terrorismo e do tráfico de droga nas suas fronteiras meridionais. Além disso, o formato das relações entre o Quirguizistão e os EUA nesta fase depende diretamente das relações entre a República do Quirguizistão e a Federação Russa.

Além disso, o Quirguizistão e os Estados Unidos iniciaram uma cooperação no âmbito do ambicioso projeto da Nova Rota da Seda, que envolve o desenvolvimento de infra-estruturas e de laços comerciais e económicos entre os Estados da Ásia Central e do Sul, bem como do CASA-1000, que envolve o trânsito de eletricidade do Quirguizistão e do Tajiquistão para o Afeganistão e o Paquistão. Estes projectos visam o desenvolvimento socioeconómico independente do Afeganistão após a retirada do contingente militar dos EUA.[17]

Além disso, o maior tráfico de droga do Afeganistão para a Rússia passa pelo território da Ásia Central e do Quirguizistão em particular. É digno de nota o facto de os EUA apenas imitarem a luta contra o problema da droga, não permitindo a erradicação das culturas de papoilas de ópio no território do Afeganistão. A título de comparação, o principal tráfico de droga para o território dos EUA provém da Colômbia, onde os EUA estão a reduzir as culturas de arbustos de coca de todas as formas possíveis. O principal mercado para os estupefacientes afegãos é a Rússia, cujo enfraquecimento do potencial democrático faz o jogo dos Estados Unidos. Os EUA promovem a expansão das infra-estruturas de transporte entre o Afeganistão e os Estados da Ásia Central, apoiam a redução das barreiras nas fronteiras da Ásia Central e do Afeganistão e apoiam financeiramente e com informação a retirada das tropas fronteiriças russas das fronteiras meridionais do Quirguizistão e do Tajiquistão. Além disso, os EUA cooperam ativamente com as estruturas de combate à droga do Quirguizistão, participaram na sua criação e continuam a cooperar ativamente com elas.

A cooperação com o Quirguizistão permite que os EUA não abandonem a Ásia Central, que constitui um trampolim conveniente para controlar a situação na China, na Rússia, nos campos petrolíferos do Iraque, para conter o Irão, etc. Prossegue a estreita cooperação entre a República do Quirguizistão e os EUA no domínio da segurança e da defesa, que se traduz numa série de actividades, tais como a formação de militares quirguizes e de agentes da

---

[17] Ver: *Umarov A.A.* Strategic Initiatives of the United States and China in Central Asia *and* Comparative Politics.-2015.-No. 1 (18).-S. 131.

autoridade em centros de ensino norte-americanos ou exercícios antiterroristas conjuntos. Além disso, os EUA apoiam os políticos pró-ocidentais, financiando as suas viagens e organizando vários eventos para eles.

Além disso, os EUA sugerem que o modelo de desenvolvimento das relações com o Quirguizistão poderia servir de modelo para o estabelecimento de relações com outros Estados da região. Os funcionários da administração dos EUA têm afirmado repetidamente que a experiência do Quirguizistão na construção da democracia parlamentar é única e de grande valor para os Estados da Ásia Central.[18]

Ao mesmo tempo, é de notar que os Estados Unidos não se preocupam com a estabilidade no Quirguizistão e na Ásia Central no seu conjunto. Além disso, a situação de caos joga a seu favor, pois desestabiliza a situação nas fronteiras da Rússia e da China, enfraquecendo-as. Com este objetivo, os Estados Unidos têm provocado repetidamente conflitos e contradições no seio da sociedade quirguize, agitando a situação.

A Rússia, pelo contrário, está interessada na estabilidade do Quirguizistão e no reforço da sua posição na região. Para o efeito, a Rússia está disposta a fazer grandes investimentos em sectores reais da economia quirguize, ao contrário dos Estados Unidos, que atribuem fundos a projectos de democratização que não têm qualquer componente construtiva. Desde a adesão do Quirguizistão à EAEU, os projectos de investimento da Rússia aumentaram: a aquisição da Kyrgyzgaz pela Gazprom e a construção da cascata da central hidroelétrica de Kambar-Ata. [19]A maior parte dos investimentos russos situa-se no sector da energia (76%), sendo a maior parte afetada pela Gazprom no âmbito de um programa de investimento que prevê a gaseificação de certas regiões do país, a construção do gasoduto Norte-Sul destinado à gaseificação das regiões meridionais, a reconstrução da rede de transporte de gás e trabalhos de exploração. No futuro, o Quirguizistão poderá funcionar como um corredor energético e de transporte para o Paquistão, a Índia e a China.

Além disso, o Quirguizistão é uma zona-tampão entre a Federação Russa e o Afeganistão, que é uma fonte de tráfico de droga e de terrorismo e constitui uma ameaça para a segurança russa. Por conseguinte, a cooperação militar e política com o Quirguizistão é, em muitos aspectos, uma garantia de segurança das fronteiras russas, o que explica a presença de

---

[18] Ver: Interesses estratégicos dos EUA na Ásia Central // http://polit- asia.kz/index.php/analytics/arkhiv-materialovpi/2015/758-strategicheskie-mteresy-ssha-v-tsentralnoj-azii
[19] Ver: *Margulis S.* A adesão do Quirguistão à EAEU e os interesses da Rússia. - M., 2016. - C. 14.

cinco instalações militares russas no território da república. Além disso, a Federação Russa participa na formação de pessoal para as forças armadas da República, realiza exercícios militares e antiterroristas conjuntos, presta assistência técnico-militar às estruturas de segurança da República do Quirguizistão e coopera com a República do Quirguizistão no domínio da defesa aérea. Desde a adesão à EAEU, o volume da assistência militar-técnica russa direta totalizou 1,1 mil milhões de dólares.

A posição da Rússia é atractiva para o Quirguizistão porque, ao contrário dos Estados Unidos, não insiste na democratização e não procura introduzir a sua própria experiência. Além disso, a Federação Russa não interage com os representantes da oposição para participar nos processos políticos internos e não participa na política interna sob o pretexto dos direitos humanos ou de outras actividades semelhantes.

O principal objetivo da Rússia é evitar que o Quirguizistão deixe de estar sob a sua influência geopolítica, preservar a unidade cultural e civilizacional dos Estados e manter um estado de estabilidade e segurança. Além disso, a Rússia procura impedir que os Estados Unidos se instalem no Quirguizistão, mantendo um regime político e políticos leais. No entanto, a dificuldade aqui é que a fragmentação da elite política do Quirguizistão limita a possibilidade de uma interação eficaz com ela por parte da Federação Russa. Além disso, existe um sentimento nacionalista crescente na sociedade quirguize, cujos portadores têm uma atitude geralmente negativa em relação à Federação Russa e negam a contribuição cultural e histórica da Rússia para o desenvolvimento da sociedade quirguize.

Em geral, o principal interesse estratégico da Rússia no Quirguizistão é consolidar a sua posição na Ásia Central e impedir que a região saia do seu controlo, uma vez que é vital para a Rússia manter o seu estatuto de potência euro-asiática.

Ao mesmo tempo, a Rússia procura manter relações de parceria com outro ator geopolítico da Ásia Central, a China. Em maio de 2015, os chefes da Rússia e da China assinaram um acordo de cooperação conjunta entre a EAEU e o projeto chinês "Silk Road Economic Belt". O emparelhamento destes dois projectos tem excelentes perspectivas, uma vez que oferece a possibilidade de se complementarem com êxito devido ao facto de os projectos não se excluírem mutuamente (o EAEU é um projeto de integração, enquanto o EGPTTP é um projeto de infra-estruturas e transportes).

A China, ao contrário dos anteriores intervenientes no Quirguizistão, tem sobretudo interesses económicos, embora também esteja interessada na estabilidade e na segurança das suas fronteiras ocidentais.

A China é o maior investidor na economia do Quirguizistão. O Quirguizistão é o terceiro maior parceiro comercial da China nos países da CEI, a seguir à Federação Russa e à República do Cazaquistão. Ao longo dos anos de cooperação entre o Quirguizistão e a China, foram assinados mais de 10 acordos de investimento estatal num montante total de quase 1,9 mil milhões de dólares, sem incluir as subvenções. Na fase inicial, a China concedeu grandes empréstimos para produtos de base, bem como empréstimos para a construção de uma empresa comum para a produção de papel. Além disso, a China financiou a reabilitação de infra-estruturas rodoviárias: a construção da estrada Osh-Sary-Tash-Ishketam foi concluída em 2012 e a autoestrada Bishkek-Naryn-Torugart está atualmente em reconstrução. Além disso, foram assinados novos acordos de reconstrução de estradas entre o Quirguizistão e a China, cujo financiamento é de aproximadamente 130 milhões de dólares.[20]

Na fase atual, 74% do investimento direto do lado chinês é dirigido aos sectores da energia, do gás e da exploração geológica. Ao mesmo tempo, os investimentos são dirigidos para as áreas que não estão orientadas para os mercados dos Estados da EAEU. Por outro lado, os investimentos chineses nos sectores da indústria e da transformação, cujos produtos são exportados para a Federação Russa e para a República do Cazaquistão, diminuíram significativamente desde que o Quirguizistão aderiu à EAEU. É interessante notar que os investimentos chineses, regra geral, são atribuídos na condição de ser obrigatória a aquisição de maquinaria e equipamento chineses, ou seja, apoiam a indústria chinesa. Durante a visita de Estado do Primeiro-Ministro da República do Quirguizistão à China, em dezembro de 2015, foram destacadas três áreas principais de cooperação: a construção de uma estrada circular em torno de Issyk-Kul, a construção do caminho de ferro China-Quirguizistão e a deslocalização de uma série de empresas industriais da China para o território do Quirguizistão.

O vetor mais promissor da cooperação entre o Quirguizistão e a China é o conceito de "Uma Faixa, Uma Rota" - um projeto que abrange uma parte significativa da Eurásia, unindo países em desenvolvimento e desenvolvidos com base no reforço da cooperação bilateral e multilateral com a participação da China. No que se refere ao Quirguizistão, este projeto está a ser implementado nas seguintes áreas

---

[20] Ver: *Baktygulov Sh.* China and Kyrgyzstan: Main Challenges and Trends of Cooperation // http://cabar.asia/ru/sheradil-baktygulov-kitaj-i-kyrgyzstan-osnovnye-vyzovy-i-tendentsii-sotrudnichestva/

- reconstrução de estradas e caminhos-de-ferro para o transporte de mercadorias da China para o Médio Oriente, o Cáucaso e a Europa.

- construção de novas estradas, caminhos-de-ferro, oleodutos, infra-estruturas de transporte e logística;

- trânsito de recursos energéticos para a China (gás do Uzbequistão e do Turquemenistão);

- estabelecimento de empresas chinesas no Quirguizistão para o mercado local, bem como para a exportação de produtos finais para a China e os países da EAEU;

- investimentos da China na economia do KR;

- cooperação na fronteira entre a China e o Quirguizistão, formação de uma zona de comércio livre.

Além disso, desde o início da década de 2000, a China tem tentado implementar um projeto ferroviário que poderia ligar a capital da XUAR, Kashgar, à Andijan uzbeque, uma vez que atualmente só existem duas linhas ferroviárias na XUAR que conduzem ao Cazaquistão. O projeto ferroviário China-Quirguizistão-Uzbequistão, que tem vindo a ser discutido na última década, poderá tornar-se o maior projeto bilateral, com um custo estimado em 6,5 mil milhões de dólares. O projeto já recebeu apoio a nível dos chefes das repúblicas, mas as opiniões divergem quanto à viabilidade do projeto: alguns insistem na sua rápida implementação, enquanto outros receiam uma potencial expansão chinesa. A construção do caminho de ferro China-Quirguizistão-Usbequistão abrirá o acesso não só aos Estados da Ásia Central, mas também ao Irão e ao Paquistão. As dificuldades de execução do projeto prendem-se com o facto de a China e o Quirguizistão não terem chegado a um compromisso sobre o traçado da via férrea. Para a China, é favorável à construção de um caminho de ferro com uma extensão curta de cerca de 100 km. A parte quirguize insiste que o caminho de ferro deve abranger o maior número possível de povoações e oferece duas opções de traçado - 433 e 278 km de comprimento.[21]

De um modo geral, os interesses da China na República do Quirguizistão podem ser condicionalmente divididos em três grupos:

1) Geopolítica. Ao alargar a sua influência no Quirguizistão e ao manter a segurança nas fronteiras, a China procura garantir o desenvolvimento e a segurança nas suas províncias

---

[21] Ver: *Panfilova V.* Chinese financial noose tightens on Bishkek/ http://www.ng.ru/cis/2017- 05-15/6 6988 kirgisia.htinl

ocidentais, nomeadamente em Xinjiang.

2) Energia. Devido ao facto de a China pretender diversificar os corredores energéticos e os fornecedores de recursos, o Quirguizistão está em condições de proporcionar à China condições para o trânsito seguro de hidrocarbonetos. Até à data, cerca de 80% dos fornecimentos de petróleo à China são efectuados através do Estreito de Malaca, que é controlado pela Marinha dos EUA, criando assim uma certa dependência do sistema energético chinês. A construção de corredores de transporte terrestre através do território do Quirguizistão permitirá subtrair o trânsito de petróleo à influência dos EUA.

3) Económico. O Quirguizistão é o principal parceiro comercial das províncias ocidentais da China. Mais de 80 por cento do volume de negócios entre a China e a Ásia Central é efectuado na XUAR, que faz fronteira com o Quirguizistão.

Além disso, o Quirguizistão pode constituir um corredor de transporte para as mercadorias chinesas, o que pode permitir o acesso da RPC aos mercados do Irão e da Europa.

Assim, o Quirguizistão tornou-se, voluntária ou involuntariamente, um objeto das estratégias políticas de três potências mundiais - Rússia, Estados Unidos e China. E se os interesses da Rússia e da China estão mais ou menos no mesmo plano: assegurar o desenvolvimento efetivo do Estado, o crescimento económico estável, a manutenção da segurança e da ordem no território da república (apesar dos diferentes objectivos: para a Rússia - consolidação da sua influência geopolítica, para a China - segurança económica e energética das províncias ocidentais), os Estados Unidos da América estão a tentar não perder a sua influência geopolítica na região, expulsando a Rússia da região, utilizando todo o arsenal de métodos disponíveis, até à provocação A liderança política do país tentou concretizar uma ideia bastante bem sucedida - equilibrar os interesses concorrentes dos actores geopolíticos, o que pode proporcionar oportunidades de negociação política. No entanto, na prática, verificou-se que o Quirguizistão não conseguia fazer face a essa tarefa: as manobras entre os três intervenientes conduziram a uma incoerência no rumo da sua política externa, à falta de compreensão dos seus interesses e prioridades nacionais e à procura constante de preferências económicas em detrimento das estratégias políticas.

CAPÍTULO 3
SEGMENTOS PROBLEMÁTICOS DO SISTEMA POLÍTICO DA REPÚBLICA DO QUIRGUIZISTÃO NO CONTEXTO DA INFLUÊNCIA EXTERNA

O sistema político da República do Quirguizistão, desde o colapso da URSS e até à atualidade, encontra-se na fase de formação e de constituição de um sistema democrático, social e jurídico, tal como previsto na Constituição da República do Quirguizistão. Este sistema é designado por transitório ou de transição, ou seja, encontra-se no processo de transição do totalitarismo soviético para a democracia moderna. É importante notar que, no caso do Quirguizistão, este período de transformação do sistema político foi prolongado, uma vez que as instituições tradicionais, juntamente com o legado soviético, têm uma forte influência no Estado. Consequentemente, no sistema político do Quirguizistão, mesmo numa democracia, haverá sempre alguns elementos de tradicionalismo e do passado soviético.

Uma caraterística significativa do sistema político do Quirguizistão é o facto de a sua formação e a formação das suas instituições terem sempre ocorrido sob a influência de um Estado terceiro interessado. A razão para tal reside no facto de, após o colapso da União Soviética, terem cessado os subsídios do Centro à República e de o Estado recém-independente ter tido de formar o seu sistema político na ausência dos recursos necessários. Esta situação foi habilmente explorada pelos Estados Unidos da América, que foram dos primeiros a estabelecer relações diplomáticas com o Quirguizistão e começaram a participar ativamente na formação de uma situação no país que fosse favorável aos próprios Estados Unidos.

A mando dos Estados Unidos da América, o Quirguizistão tornou-se o primeiro Estado da Ásia Central em que se começou a formar uma oposição ao Partido Comunista no poder e que enveredou pelo caminho da democratização. Não é segredo para ninguém que um dos objectivos da política externa dos Estados Unidos é a imposição generalizada da democracia liberal. Tendo reconhecido a universalidade dos valores liberais, a administração americana está a tentar obrigar quase todos os Estados do mundo a segui-los. O desejo de democratizar o sistema político e de reformar a economia de acordo com o modelo liberal levou a que o vetor de desenvolvimento do Quirguizistão se orientasse para os países ocidentais e para os Estados Unidos, que procuraram de todas as formas possíveis alargar a esfera de interação com o Quirguizistão. Os Estados Unidos prestaram vários tipos de assistência ao Estado recém-independente: assistência financeira e institucional, organizaram programas educativos para a população da República do Quirguizistão e promoveram ativamente a participação do Quirguizistão em várias instituições financeiras internacionais controladas pelo Governo americano, que começou a conceder crédito à economia do Quirguizistão em desenvolvimento.

No entanto, essa liberalização e modernização do sistema político em direção à democracia acabou por se revelar negativa para a República do Quirguistão com a assinatura do Consenso de Washington, um programa que foi inicialmente formulado para os Estados latino-americanos que estavam dependentes das instituições financeiras. O principal objetivo deste programa era criar uma situação nestes Estados que garantisse o reembolso dos empréstimos às instituições financeiras americanas. Para a República do Quirguistão, o resultado deste ato foi a assunção de obrigações de redução das despesas sociais, das despesas com bens de consumo de massa e produtos alimentares, o aumento da taxa do imposto sobre o rendimento, o aumento das taxas de empréstimo e a redução do volume de empréstimos, a abertura das fronteiras às importações de bens, a garantia de uma taxa de câmbio livre da moeda nacional, a privatização generalizada e a transferência da indústria do financiamento estatal para o crédito.[22]

Em 1993, teve início a cooperação entre o Quirguizistão e o Fundo Monetário Internacional, mas a transferência cega de modelos económicos de mercado para o sistema económico do Quirguizistão, sem ter em conta as peculiaridades objectivas da realidade quirguize, não modernizou o sistema, mas conduziu à destruição efectiva do sector real da economia. O declínio da produção industrial nos dois anos seguintes foi de aproximadamente 78%, o volume das empresas públicas diminuiu de 45,4% para 3,4%, o que não aconteceu sem a participação de instituições financeiras internacionais que insistiram na privatização das empresas públicas. Além disso, o Banco Mundial concedeu um empréstimo em 1998 para reestruturar instalações industriais não rentáveis, o que levou à sua falência.[23]

A pedido das mesmas instituições monetárias ocidentais, o Quirguizistão, o primeiro dos países da CEI, aderiu à OMC em 1998, o que levou a que as empresas industriais remanescentes no país deixassem finalmente de funcionar. A situação económica catastrófica

---

[22] Ver: *Ivanov S.G. O papel dos factores de política externa nos processos de transformação da economia da República do Quirguistão.* - Б., 2009. - C. 219.
[23] Ver: *Knyazev A.A.* Vectores e paradigmas da independência do Quirguistão (Ensaios sobre a história pós-soviética). - B., 2012.-P. 60.

do país quase levou o Quirguizistão, em 2006, a aderir ao programa dos Países Pobres Altamente Endividados (PPAE), um grupo dos países mais pobres do mundo com elevados níveis de endividamento financeiro. Este programa prevê a anulação de uma parte da dívida na condição de serem aplicadas reformas económicas sob o controlo rigoroso do Banco Mundial e do Fundo Monetário Internacional, o que teria colocado o país ao mesmo nível dos Estados africanos mais pobres e conduzido à perda da capacidade de prosseguir uma política económica independente.

Os empréstimos preferenciais concedidos pelas instituições monetárias ocidentais à economia do Quirguizistão sob a condição da sua liberalização, embora em certa medida substituíssem os subsídios soviéticos, permitindo ao Estado cumprir as suas obrigações sociais para com a população, acabaram por conduzir à dependência do Quirguizistão da opinião dos Estados ocidentais na formulação do seu rumo político, uma vez que a maior parte da dívida do Estado quirguize é devida a instituições financeiras controladas pelos EUA, como o Banco Mundial, o Banco Asiático de Desenvolvimento e o Fundo Monetário Internacional.

O sistema político do Quirguizistão, bem como o seu sistema económico, tornou-se refém dos interesses estratégicos dos Estados Unidos. A democratização das instituições políticas e a cooperação ativa com os EUA não fizeram do Quirguizistão um participante em pé de igualdade na comunidade mundial. "A República do Quirguizistão juntou-se às fileiras dos países da "zona cinzenta": semidemocracia, democracia formal, democracia eleitoral, democracia iliberal, democracia de fachada, democracia virtual, pseudodemocracia, que se caracterizam por um estado de tensão social permanente, com agravamentos periódicos sob a forma de protestos de massas e mudanças ilegítimas de poder."[24]

Ao mesmo tempo, a reforma das instituições mais importantes do sistema político também teve lugar sob a influência permanente dos Estados Unidos neste processo. Assim, em 2005, nas vésperas do golpe de Estado, os Estados Unidos afectaram mais de 2,5 milhões de dólares para apoiar a democracia na República do Quirguizistão.[25] Este dinheiro foi utilizado para a aquisição de equipamento para a marcação dos eleitores, para a formação de observadores independentes, para a formação do pessoal das comissões eleitorais locais e para

---

[24] *Muratalieva 3.* Política externa do Quirguizistão no período da independência // http://www.mirperemen.net/content/vneshnyaya-politika-kyrgyzstana-perioda-nezavisimosti (24 de maio de 2016)
[25] Ver: *Kazakpaev M.* USA-Kyrgyzstan: a model of interaction of non-equilibrium participants / Central Asia and Caucasus. - 2006. - № 3(45). - C. 61.

a execução de projectos de ONG e de meios de comunicação social relacionados com o processo eleitoral. Além disso, os EUA participaram ativamente na adoção do novo Código Eleitoral, prestando assistência financeira e consultiva, e contribuíram para a modernização técnica da Comissão Eleitoral Central da República do Quirguizistão. Sem dúvida que, nestas condições, é um exagero falar da independência da CEC e do processo eleitoral na República do Quirguizistão em relação a influências externas. Além disso, os EUA forçaram ativamente a reforma da legislação em matéria de proteção dos direitos humanos, liberdade de religião, igualdade das minorias étnicas, liberdade de expressão e meios de comunicação social, o que lhes permitiu impor à sociedade modelos de comportamento e normas de moralidade e ética ocidentais.

O sector da segurança da República do Quirguizistão também está a ser reformado a mando e a expensas dos Estados Unidos. A cooperação ativa entre os Estados Unidos e o Quirguizistão no domínio da segurança e da defesa teve início após o 11 de setembro de 2001 e, desde há muitos anos, o Departamento de Estado dos EUA tem vindo a atribuir recursos financeiros significativos para reformar o Ministério da Defesa, os serviços antiterroristas, antidroga e outros serviços especiais, bem como para formar pessoal. A implementação de tais projectos permite, em primeiro lugar, que os americanos estudem minuciosamente a estrutura e a composição das agências governamentais responsáveis pela segurança, bem como recebam livremente informações sobre a situação atual no país e na região como um todo. Em segundo lugar, esses projectos criam condições para garantir a lealdade ao Ocidente por parte dos funcionários das agências de segurança da República do Quirguistão. Por exemplo, em 2005, I. Isakov, cujo filho estava a trabalhar como oficial de ligação na sede do Comando Central dos EUA, foi nomeado Ministro da Defesa.[26]

Outra caraterística do sistema político da República do Quirguizistão é a existência de uma sociedade civil bem desenvolvida. O número de organizações não governamentais registadas é várias vezes superior ao dos seus vizinhos da Ásia Central e ultrapassa as 16.000. As ONG estão ativamente envolvidas em todas as esferas da sociedade quirguize, defendendo a aplicação dos direitos e liberdades dos cidadãos, acompanhando o processo eleitoral, desenvolvendo actividades de investigação, etc. No entanto, esta esfera não deixa de ter a participação ativa dos Estados Unidos. Os Estados Unidos concedem um financiamento

---

[26] Ver: Ruslan Isakov: "A consideração do caso do meu pai é o cúmulo da hipocrisia e do cinismo" // http://www.fergananews. com/articles/6438

significativo ao sector não governamental, aproveitando o facto de o financiamento externo de associações públicas na República do Quirguizistão não ser restringido ou controlado a nível estatal. Assim, as organizações não governamentais financiadas pelo Ocidente, lideradas pelos Estados Unidos, executam projectos que, muitas vezes, não se destinam a resolver problemas internos da sociedade quirguize, mas a promover os interesses dos Estados ocidentais: assegurar a transparência do processo eleitoral, a liberalização da economia e do sistema político, a reforma do sistema judicial, da administração pública, etc., assegurando assim o controlo dos principais processos políticos do Estado.

São as organizações não governamentais que se tornam o instrumento através do qual os Estados Unidos colocam os políticos certos no poder no KR e influenciam a adoção de decisões políticas importantes, o que lhe permite implementar os seus próprios planos estratégicos. Para poderem utilizar todas as alavancas de influência nos processos internos do Estado, os Estados Unidos cumprem a sua principal tarefa - impedir a centralização do poder, bem como a monopolização do poder numa só mão. Assim, o primeiro Presidente da República, Akaev, concentrou todos os mecanismos de poder nas suas mãos. Podia formar o Governo de forma autónoma, determinar a sua estrutura, nomear e demitir os chefes dos ministérios, os juízes locais, bem como os chefes dos organismos da LSG. [27] O Presidente controlava sozinho todos os principais sectores da economia, criando para o efeito vários organismos estatais sem os incluir no Governo, e dirigia-os através da Administração Presidencial. Foi precisamente esta situação que desagradou à administração dos Estados Unidos e limitou as possibilidades da sua participação. O resultado foi que, através de um grande número de organizações não governamentais, os EUA organizaram um golpe de Estado, explorando habilmente as tensões sociais e canalizando essa energia destrutiva na direção que desejavam.

No entanto, o objetivo final dos Estados Unidos não era uma mudança formal de liderança, mas a formação de um sistema político em que a participação dos EUA nos processos internos fosse maximizada. Este sistema político deveria ser um sistema com uma forma parlamentar de governo e um sector civil desenvolvido.

A questão aqui é que um sistema político deste tipo - parlamentarismo combinado com

---

[27] Ver: Constitutional Reform in the Kyrgyz Republic: Achievements and Problems. Relatório de O. Tekebaev na conferência internacional "Impact of Constitutional Processes in Post-Communist Transformation", 3-4 de novembro de 2014, Yerevan, Arménia *E* http://kabarlar.org/news/34498-konstitucionnaya-reforma-v-kyrgyzskoy-respublike-dostizheniya-i- problemy.html

uma sociedade civil forte - é muito vulnerável a interferências externas. Neste sistema, o poder é horizontal e não vertical, dividido em ramos, descentralizado e distribuído por grupos e indivíduos independentes, o que permite aos EUA influenciar a tomada de decisões políticas, económicas e outras decisões estratégicas através dos seus agentes.

Além disso, no parlamentarismo, a hierarquia da propriedade transforma-se muitas vezes em hierarquia do poder, pois não são os indivíduos competentes e com força de vontade que chegam ao poder, mas sim os indivíduos com capital financeiro que conseguem "comprar" um lugar na lista do partido por uma determinada quantia de dinheiro. Não é segredo para ninguém que o verdadeiro objetivo destas aspirações ao poder não é o desejo de servir o Estado, mas sim a perspetiva de multiplicar o capital pessoal. É claro que é muito fácil obter a opinião de um tal deputado em troca de um montante fixo.

Além disso, a forma parlamentar de governo é também propícia a influências externas, porque, mesmo que cheguem ao poder pessoas que estejam claramente conscientes e protejam os interesses do Estado, não é difícil provocar uma crise política neste sistema e dissolver completamente a liderança do país, uma vez que a ausência de uma autoridade centralizada forte torna possível mergulhar o Estado no caos, agitando as contradições entre vários grupos religiosos, étnicos e políticos, que existem em qualquer sociedade de uma forma ou de outra.[28]

No entanto, Kurmanbek Bakiyev, que sucedeu a Askar Akayev como presidente, não correspondeu às expectativas dos Estados Unidos e não teve pressa em reformar o sistema político no sentido do parlamentarismo. Os Estados Unidos reagiram organizando manifestações da oposição, que se prolongaram durante quase um ano, exigindo a reforma constitucional, a demissão do Presidente e a formação de um governo de coligação. Em novembro de 2006, Bakiyev cedeu e começou a reformar a Constituição. No entanto, o resultado foi a adoção da Constituição em 2007, que proclamava formalmente uma forma parlamentar de governo, mas na realidade todas as principais instituições de poder continuavam sob o controlo do Presidente. Sem dúvida que o Ocidente não ficou satisfeito com este cenário, o que se reflectiu na conclusão negativa da Comissão de Veneza sobre a versão adoptada da Constituição, na qual os peritos assinalaram a tendência para o autoritarismo, a violação do princípio da separação de poderes, etc.[29] Por conseguinte, a

[28] Ver: *Erkimbaev B.* Kyrgyzstan. Reforma constitucional: "à prova de idiotas" ou ainda geopolítica? // http://www.centrasia.ru/newsA.php?st=1452840900
[29] rdP arecer sobre a situação constitucional na República do Quirguizistão adotado pela Comissão na sua 73.ª reunião plenária (Veneza, 14-15 de dezembro de 2007) // http://www.venice.coe.int/webforms/documents/?pdf=CDL-

reforma do sistema político era apenas uma questão de tempo.

[30] A reforma constitucional de 2010, que proclamou o parlamentarismo na República, satisfez o Ocidente, liderado pelos EUA, o que já se reflectiu na conclusão positiva da Comissão de Veneza, segundo a qual a Constituição cumpre plenamente todas as normas democráticas. O estabelecimento do parlamentarismo na República foi também facilitado pelo facto de uma das caraterísticas do sistema político da República do Quirguizistão ser o multipartidarismo. De acordo com o Ministério da Justiça, no início de 2017, o número de partidos políticos no país era de 223.[31] No Quirguizistão, existem partidos populares e partidos completamente desconhecidos da maioria da população, que unem compatriotas, colegas, aldeões, familiares, etc., em torno do líder.

Assim, a formação no Quirguizistão de um sistema político com uma forma parlamentar de governo e uma sociedade civil desenvolvida pode ser considerada um êxito da política dos Estados Unidos. Em geral, em 2010, a situação era tal que quase todas as instituições de poder, agências e mesmo regiões do Estado estavam, de uma forma ou de outra, incluídas no processo de cooperação ativa com os Estados Unidos.

As mudanças começaram por volta de 2010, quando a política do Quirguistão começou a voltar-se gradualmente para a Federação Russa e para os colegas da CEI, distanciando-se dos Estados Unidos. Consequentemente, em 2014, por iniciativa do lado quirguize, a base militar da NATO, que estava instalada no território da República do Quirguistão há cerca de 13 anos, deixou de funcionar. O passo seguinte foi a denúncia do acordo entre a República do Quirguistão e os Estados Unidos em julho de 2015, ao abrigo do qual, desde 1993, o Quirguistão tinha recebido uma assistência significativa do Governo dos EUA, incluindo assistência financeira: "A denúncia do Acordo a partir de 20 de agosto de 2015 afectará todas as áreas de cooperação entre as partes, abrangendo actividades e projectos implementados ao abrigo do tratado internacional em questão, incluindo projectos da USAID. Tal traduzir-se-á na cessação dos privilégios fiscais e aduaneiros, no cancelamento dos privilégios e imunidades dos cidadãos norte-americanos (envolvidos nos projectos), no equivalente ao pessoal administrativo e técnico, etc. De um modo geral, a denúncia afectará todas as pessoas

---

AD(2007)045-e

[30] Ver: Conclusões sobre o Projeto de Constituição da República do Quirguizistão (versão publicada em 21 de maio de 2010). Adoptada pela Comissão de Veneza na sua 83.ª sessão plenária (Veneza, 4 de junho de 2010) // http://www.venice.coe.int/webforms/documents/?pdf=CDL-AD(2010)015-rus

[31] Ver: Lista dos partidos políticos // http://miniust.gov.kg/?page_id=6551

envolvidas na execução de projectos baseados no acordo denunciado".[32] A razão para a denúncia unilateral do acordo foi a atribuição pelo Governo dos EUA do prémio "Defensor dos Direitos Humanos" a A. Askarov, um cidadão da República do Quirguizistão, que foi condenado no seu país de origem, o Quirguizistão, por ter organizado o conflito étnico no sul da república em 2010, durante o qual morreram muitas pessoas, nomeadamente por incitar ao ódio étnico, participar na tomada de reféns, matar agentes da autoridade, etc. A razão para o arrefecimento das relações com os EUA deve-se muito provavelmente à concretização da prioridade de desenvolver relações com a Rússia e de aderir à União Económica Eurasiática e à União Aduaneira. Para além da proximidade geográfica, histórica e civilizacional entre a República do Quirguistão e a Federação Russa, um dos factores subjacentes à adesão da República do Quirguistão às associações de integração euro-asiáticas foi a ameaça de introdução de um regime de vistos para a entrada na Rússia de trabalhadores migrantes provenientes de países não pertencentes à União. Uma tal situação poderia ter consequências catastróficas para o Quirguizistão - aumento do desemprego, queda acentuada do nível de vida e, consequentemente, revoltas populares: as remessas dos trabalhadores migrantes representam 33% do PIB da república.[33]

De um modo geral, analisando o sistema político da República do Quirguistão, podemos concluir que este foi formado num estado de dependência constante dos interesses de Estados externos e, em particular, dos Estados Unidos. A razão para este facto reside na incapacidade do Estado de cumprir as suas obrigações por si próprio sem assistência financeira externa, o que tornou a República refém dos interesses estratégicos dos seus doadores. O resultado desta situação é que o sistema político moderno da República do Quirguizistão é incapaz de desempenhar as suas principais funções, tais como garantir a estabilidade do poder político, a sua legitimação, a gestão eficaz das várias esferas da vida da população do Estado, a resposta atempada aos interesses e exigências da sociedade, a sua integração e, em geral, tudo o que garante a segurança e a estabilidade do sistema, uma vez que está constantemente dependente da influência externa. Ultrapassar este impacto no futuro pode muito bem tornar-se uma garantia de desenvolvimento efetivo de um sistema político

---

[32] As relações entre o Quirguistão e os EUA estão a sofrer uma grave transformação *E* http://www. stanradar.com/news/full/_18108-otnoshenija-kyrgyzstana-i-ssha-perezhivajut-sereznuju-_transformatsiju.html (25 de maio de 2016)

[33] Ver: Peritos do Centro Carnegie de Moscovo sobre o 25º aniversário da independência da República do Quirguistão // http://zanoza.kg/doc/343655 eksperty moskovskogo centra kamegi on 25 letii nezavisimosti kr.html

estável no Quirguizistão, mas para tal é necessário escolher um parceiro estratégico que esteja interessado na realização dos seus próprios interesses, em primeiro lugar, ultrapassando o estado de caos e assegurando a estabilidade na República do Quirguizistão. Esse parceiro para o Quirguizistão pode muito bem ser a Federação Russa, que não está menos interessada do que o próprio Quirguizistão em estabelecer um governo forte e em manter a estabilidade no Estado. Isto é condicionado não só pelo facto de o Quirguizistão ser uma zona tampão entre as fronteiras da Federação Russa e o instável Afeganistão, mas também pelo facto de um grande número de cidadãos russos viverem no território da República do Quirguizistão e de ser da responsabilidade direta da Federação Russa garantir a sua segurança.

CAPÍTULO 4

FORMAS DE CONTRARIAR A INFLUÊNCIA EXTERNA NO PROCESSO POLÍTICO INTERNO (COM BASE NO EXEMPLO DA REPÚBLICA DO QUIRGUIZISTÃO)

No contexto da influência externa permanente de países terceiros nos processos internos de Estados independentes, a implementação de contramedidas é particularmente relevante. A realidade moderna é que os Estados Unidos, implementando os seus planos geopolíticos estratégicos, interferem descaradamente na política interna de outros Estados, levando ao poder regimes políticos convenientes, impondo valores liberais, destruindo laços históricos e culturais tradicionais, impulsionando artificialmente a etnização e a regionalização, etc. O estado de caos constante no interior do Estado objeto de influência joga a favor dos Estados Unidos, pois permite-lhe consolidar a sua influência nesse Estado e, assim, se não influenciar os seus rivais geopolíticos, situar-se na proximidade das suas fronteiras.

Este problema não passou ao lado da República do Quirguistão, onde os processos políticos internos não deixaram de merecer a atenção e a participação ativa da administração dos EUA durante muito tempo. A dificuldade reside no facto de a liderança política do país não procurar defender a soberania do seu Estado e não tomar quaisquer medidas reais para garantir a segurança do sistema político do país contra influências externas. Os objectivos de garantir a segurança interna da República do Quirguizistão são declarados em actos normativos como o Conceito de Segurança Nacional da República do Quirguizistão, aprovado pelo Decreto do Presidente da República do Quirguizistão de 9 de junho de 2012, e a Estratégia Nacional de Desenvolvimento Sustentável da República do Quirguizistão para o período 2013-2017. Estes documentos programáticos de política externa consagram a necessidade de garantir a segurança interna do Estado, a segurança da informação, a segurança do sistema político, e contêm mesmo uma disposição sobre a formatação das atitudes e dos processos públicos no interesse da segurança e do desenvolvimento da República. No entanto, na realidade, estes documentos, no que diz respeito à garantia da proteção do sistema político contra influências externas, não passam de actos programáticos sem quaisquer acções políticas reais. Além disso, nem o Conceito nem a Estratégia são actos jurídicos de ação direta (o Conceito é um sistema de ideias, com base no qual serão adoptados outros actos normativos no futuro, que não deverão contradizê-lo, e a Estratégia de Desenvolvimento é um conjunto de planos e tarefas a executar no período especificado). Por conseguinte, nenhum dos documentos implica um controlo institucional da sua aplicação.

Tendo em conta o que precede, pode afirmar-se que, nesta fase do desenvolvimento do Quirguizistão, os mecanismos para contrariar a influência externa não existem ou não correspondem às realidades actuais ou não são aplicados na prática. Consequentemente, é necessário desenvolver medidas práticas reais para neutralizar o impacto de países terceiros, utilizando: a) a experiência positiva de parceiros estrangeiros, b) mecanismos e estratégias propostos por peritos e c) recursos internos próprios.

Na prática mundial, existem as seguintes estratégias para contrariar os mecanismos de influência externa, o soft power e as tecnologias de rede:

1)   A estratégia de vigilância consiste em vigiar as possíveis ameaças internas e externas, latentes e explícitas, informando a população sobre os mais recentes mecanismos políticos e psicológicos de manipulação das consciências, de enfraquecimento do Estado e de destruição das bases culturais e religiosas da sociedade.

2)   A estratégia de sustentabilidade consiste na formação de um Estado, de instituições sociais e de uma consciência de massa capazes de resistir às tentativas de desestabilização externa e interna dos sistemas políticos e sociais da sociedade.

3)   A estratégia para contrariar as tecnologias de rede de enfraquecimento do Estado consiste na divulgação generalizada nos meios de comunicação social de informações fiáveis sobre a situação atual do Estado e na defesa de uma interpretação própria dos acontecimentos mundiais.

4)   A estratégia para manter o otimismo social consiste em estabelecer um elevado nível de apoio ao aparelho de Estado e às forças da ordem entre a população, através da introdução de uma ideia nacional, da formação de uma ideologia, especialmente no contexto de uma política bem sucedida do Estado no domínio da defesa dos interesses do Estado e da segurança nacional.[34]

A. Manoilo, um investigador russo, doutorado em Ciências Políticas, sugeriu as seguintes formas de contrariar a influência externa:

---

[34] Ver: *V.V. Karyakin.* A Rússia como alvo da realização de estratégias de "acções indirectas" e "soft power" de autores de política externa. Relatório da conferência científica e prática "Gestão estratégica na esfera da segurança nacional da Rússia: temas, recursos, tecnologias"// https://riss.ru/analitycs/2695/

1)	Utilizar mecanismos e tecnologias do mesmo nível, uma vez que medidas, métodos e meios separados serão infrutíferos.

2)	Identificar atempadamente os canais de dinheiro para a implementação de "revoluções coloridas" e parar imediatamente o seu funcionamento. Aqui a lógica é simples: sem fundos para a revolução - não há revolução. Ao mesmo tempo, deve ter-se em conta que a infusão de dinheiro no Estado beneficiário das estratégias das "revoluções coloridas" começa um ano e meio a dois anos antes do evento proposto.

É de salientar que, na República do Quirguizistão, os recebimentos de fundos para as contas das ONG não são controlados de forma alguma: não é necessário chegar a acordo sobre a receção de financiamento estrangeiro, não existe qualquer procedimento para registar estes fundos junto das autoridades públicas e não existem requisitos especiais de informação. Além disso, o financiamento estrangeiro não é identificado como uma unidade especial de rendimento e é equiparado ao financiamento nacional.

3)	Ideologizar os jovens entre os 16 e os 35 anos, uma vez que este grupo social é a principal força de ataque das acções de desobediência; são os jovens que se tornaram a base social de todas as "revoluções coloridas".

A superação da mobilidade ideológica da juventude, o envolvimento dos jovens em associações públicas de orientação patriótica e a popularização do desporto permitirão evitar a manipulação externa desta parte da população e a sua utilização como recurso para um golpe de Estado.

Nas condições da República do Quirguistão, é necessário prestar atenção ao desemprego entre os jovens, à falta de mecanismos de socialização e de auto-realização, à baixa percentagem de educação e ao crescimento demográfico, o que contribui para que a população jovem seja membro de organizações extremistas, facilmente manipulável e um recurso absolutamente manejável para a execução de várias acções, por vezes até desvantajosas para eles.

4)	Prestar atenção aos problemas regionais. A. Manoilo dedica especial atenção ao Cáucaso do Norte, à Sibéria e à região do Extremo Oriente da Rússia, uma vez que os organizadores da "revolução colorida" podem tomar como base ideológica os slogans do separatismo sob a direção de líderes regionais.[35]

---

[35] Ver: *Mikryukov V.* Um remédio para a agressão discreta // http://vpk-news.ru/articles/29342

Na República do Quirguizistão, é necessário prestar atenção aos problemas do regionalismo e da igualdade étnica. Uma vez que o sul da república, o vale de Fergana, tem a maior densidade populacional, crescimento demográfico e taxa de desemprego, o sul do Quirguizistão é densamente povoado por uzbeques étnicos, que são vizinhos dos quirguizes, embora sejam mental e culturalmente diferentes. A etnização artificialmente manipulada tem conduzido repetidamente a conflitos étnicos sangrentos.

De um modo geral, é possível resistir às estratégias de influência externa através da modernização do sistema político do Estado, da implementação de um certo número de reformas no domínio da segurança social, da educação para estabilizar o regime, introduzindo na população a ideia de desenvolvimento sistémico do Estado, de movimento na via do progresso e, antes de mais, através de uma política de informação competente. Assim, ao confrontar os mecanismos de soft power, a tarefa do Estado consiste, em primeiro lugar, em assegurar a proteção das esferas da informação, da cultura, da civilização e dos valores e atitudes, uma vez que as tecnologias de "soft power", a influência externa, as tecnologias de rede prejudicam sobretudo os interesses e valores públicos, e só depois a estabilidade do sistema político.

Os objectos dessa proteção serão o ambiente e os recursos de informação, o sistema de formação da opinião e da consciência públicas, o sistema de decisão política a todos os níveis, a psique e o comportamento da população. Os instrumentos para garantir essa segurança são os meios de comunicação social, a Internet, as organizações não governamentais e os meios de informação humanitária. Estas instituições são capazes de unir a sociedade em torno de uma ideia nacional única, são os transmissores da memória histórica, dos valores espirituais e da cultura nacional.[36]

Os investigadores concordam que o estado mental da população e o estado de espírito político das massas são de grande importância para a estabilidade do sistema político. Por conseguinte, a principal tarefa é assegurar um estado psicológico confortável da população através da criação de um sistema a vários níveis para garantir a segurança psicológica.

Assim, para estabelecer uma influência externa nos processos internos do Estado, é

---

[36] Ver: *Sinchuk Y.V., Sinchuk I.Yu.* Para a questão do fortalecimento da segurança nacional do estado no contexto do "soft power" / O papel das tecnologias de "soft power" na informação, valor e confronto atitudinal e civilizacional / Academia de Ciências Militares, Centro de Pesquisa Científica para Problemas de Segurança Nacional, Departamento de Análise de Informação e Tecnologias Políticas da Universidade Técnica Estadual de Moscou Bauman / Editado por I.V. Bocharnikov. - M, 2016. - C.246.

necessário, em primeiro lugar, assumir o controlo da esfera da informação, através da qual é possível atrair a parte politicamente ativa da população da República. Por conseguinte, é necessário não só controlar os meios de comunicação social, a Internet e outros recursos de informação, mas também implementar, através dos recursos acima referidos, estratégias estatais destinadas a atrair apoiantes, aumentar o seu potencial político e estabelecer uma imagem positiva das autoridades. Além disso, é necessário fornecer à população uma ideia atractiva baseada em valores tradicionais, que possa competir com as ideias liberais do Ocidente. Essa ideia deve ser ativamente difundida pelos meios de comunicação social, pelas redes sociais, por bloguistas populares e por figuras públicas. Ao mesmo tempo, essa ideia deve ser cuidadosamente conceptualizada, a fim de atrair todos os segmentos da sociedade, desde o público em geral até à elite intelectual.

Além disso, é interessante notar a opinião dos investigadores de que, para contrariar com êxito a influência externa, o Estado deve ter uma oposição patriótica suficientemente forte, que atraia para as suas fileiras uma população politicamente ativa em várias questões que discordam da política oficial das autoridades. Essa entidade deve representar a parte protestante da população do Estado, mas ao mesmo tempo ser independente da influência de Estados terceiros. A liderança deste grupo de oposição (partido, facção ou associação) deve ter um potencial intelectual suficiente e uma consciência elevada, de modo a responder aos ânimos de protesto em tempo útil, atraindo as pessoas e sendo capaz de liderar as massas de protesto, a fim de evitar a perda de controlo sobre os manifestantes. É claro que essa oposição deve ser apoiada de todas as formas possíveis pelas autoridades oficiais, fornecendo-lhe financiamento, acesso a recursos de informação, benefícios e outros privilégios, para que essa organização não precise de procurar aliados entre as instituições ocidentais. Neste caso, haverá um verdadeiro mecanismo de oposição no Estado, capaz de expressar a vontade da parte da população que protesta, mas ao mesmo tempo será patriótico e parcialmente controlado pelo atual governo.[37]

Além disso, há que ter em conta o facto de que qualquer influência externa nos processos internos do Estado se baseia, antes de mais, na globalização da elite política e financeira, o que implica a fragilidade da soberania do Estado. Ou seja, se os representantes do governo e do grande capital não estiverem ligados financeiramente ou de outra forma aos

---

[37] Ver: *Sivkov K.* Complex Counteraction // http://ru-an.mfo/news/2557/

países ocidentais, não possuírem bens imobiliários na Europa ou na América, não tiverem contas em bancos ocidentais, não receberem educação à custa de fundos ocidentais, a possibilidade de implementar tecnologias de intervenção ocidentais no Estado é reduzida ao mínimo.

Em geral, tendo em conta a opinião dos investigadores, podemos concluir que, nas condições da Ásia Central e da República do Quirguizistão em particular, as formas de contrariar as tecnologias de influência externa devem basear-se em dois tipos de recursos.

No que se refere aos recursos internos, devemos partir do facto de que o objetivo final do estabelecimento de uma influência externa no Estado, para além da execução da tarefa principal - a mudança do poder do Estado, é mergulhar o Estado num estado de caos político ou, como lhe chamam os tecnólogos políticos, num estado de "caos controlado": "atomização" da sociedade, quebra de laços sociais, imposição de um individualismo artificialmente ocidental, ou seja, criação de uma situação em que o poder do Estado é controlado por uma gestão externa e o país se encontra num estado de caos Com base nesta situação, podemos concluir que os valores tradicionais da sociedade quirguize, capazes de se tornarem uma ideia nacional, devem funcionar como um recurso interno e que a manutenção destes valores pode muito bem tornar-se o "soft power" que unirá o Estado e será transmitido para fora do país, criando uma imagem atractiva do Quirguizistão. Esses valores podem muito bem ser o culto da família, o respeito pela idade, a honra da velhice e o coletivismo da sociedade quirguize. O elevado estatuto da instituição da família é caraterístico da população quirguize, mas perdeu-se completamente na sociedade liberal do Ocidente. Além disso, o coletivismo da sociedade quirguize, caracterizado pela responsabilidade colectiva e não individual e por um elevado nível de censura social, é atraente. A família, a tribo e o clã são responsáveis pelas acções de todos os seus membros e a má conduta de uma pessoa implica a censura pública de todos os membros da família. Por um lado, este facto demonstra a ausência de uma responsabilidade individual justa, mas, por outro lado, contribui para a manutenção de um elevado nível moral e ético de cada pessoa que respeita o seu clã. No entanto, o povo quirguize conseguiu preservar o pensamento mítico, não o levando a extremos, mas adaptando-o às condições modernas, preservando as regras rituais, como a vénia obrigatória a um ancião em algumas regiões, e libertando-se de preconceitos antigos. É a preservação e a transmissão de uma tal identidade que é perfeitamente capaz de atuar como uma ideia unificadora positiva da sociedade, capaz de resistir a influências externas.

Sem dúvida que, para além dos métodos ideológicos de neutralização da influência externa, é necessário endurecer a responsabilidade penal e legal dos cidadãos e das associações públicas por violação da ordem pública, tentativa de tomada de poder inconstitucional e actos conexos, reforçar o controlo da aplicação da legislação neste domínio e responsabilizar a população por esses actos ilícitos. Por exemplo, nos próprios EUA, o centro mundial da luta pela democracia e pelos direitos humanos, uma declaração escrita ou oral em tom desleal, blasfemo, grosseiro ou insultuoso sobre a forma de estrutura do Estado ou a Constituição dos EUA, bem como sobre as forças armadas norte-americanas, é punível com pena de prisão até 20 anos. É de salientar que o Ministério Público e os organismos de investigação da República do Quirguizistão não tomam as iniciativas necessárias para identificar os actos ilegais dos membros das ONG que participam em actividades anti-estatais e para os processar criminalmente.

No entanto, deve ser dada prioridade aos métodos ideológicos. Como bem observou o professor do MGIMO, A. Podberezkin, "existe uma correlação direta entre a neutralização da influência externa sob a forma de "soft power" e a ideologia: quanto mais atractiva for a ideologia nacional e mais eficazes forem os seus meios de influência, quanto mais desenvolvidas forem as suas disposições e argumentos de base para a nação, menos a sociedade é suscetível à influência de instrumentos externos de "soft power"".[38]

As relações estreitas com a Federação Russa podem atuar como um recurso externo para contrariar a influência de países terceiros. Nem todos os Estados podem gabar-se de ter laços culturais estreitos e um passado histórico comum com uma grande potência regional e, no futuro, mundial, que está disposta a cooperar, prestar assistência e patrocínio numa base quase gratuita. Os órgãos diplomáticos da Federação Russa não só resolvem as tarefas de fornecer mecanismos para impedir a influência externa na política interna do Estado da Federação Russa, como também são capazes de prestar assistência nesta contra-ação aos Estados aliados da Federação Russa, prestando assistência na monitorização dos riscos e ameaças de influência externa, avaliando a estabilidade dos regimes políticos, controlando as possibilidades de desestabilização política, bem como implementando mecanismos de assistência mútua estratégica aos representantes das autoridades e das elites.

---

[38] A. Podberezkin: Existe uma correlação direta entre a contra-ação, ou mesmo a neutralização da influência externa sob a forma de "soft power", e a ideologia... // http://www.nasled.ru/?q=content/ a. podberezkin: Existe uma correlação direta entre a contra-ação, ou mesmo a neutralização da influência externa sob a forma de "soft power", e a ideologia.

Além disso, o espaço civilizacional comum da EAEU pode muito bem tornar-se uma garantia de desenvolvimento bem sucedido da integração no espaço pós-soviético e um fator de estabilidade nas relações internacionais. É a ideologia eurasiática comum, baseada nos valores tradicionais comuns dos povos da Eurásia, na mentalidade comum e no passado histórico comum, que pode contribuir para reforçar a segurança de todo o espaço eurasiático e a segurança nacional de cada um dos Estados da EAEU individualmente, atuar como um instrumento para a sua modernização civilizacional, ter um impacto benéfico na imagem civilizacional destes Estados, aumentar a sua competitividade face à ideologia transatlântica do Ocidente no mundo global.[39]

Assim, aceitando o facto de que a política externa moderna dos países ocidentais, liderada pelos Estados Unidos da América, representa uma interferência externa nos assuntos dos Estados soberanos, o estabelecimento de governos controlados, a influência no desenvolvimento do sistema político, a manipulação da consciência da população, etc., compreendemos a necessidade de contrariar estes processos de forma adequada e atempada. Os tecnólogos e peritos políticos oferecem um grande número de métodos para contrariar as tecnologias de influência externa, mas muitas vezes o conjunto de ferramentas de proteção desenvolvido fica aquém da realidade moderna ou os mecanismos de proteção não são devidamente aplicados. A República do Quirguizistão também é refém da situação em que os programas para contrariar os mecanismos de influência externa não passam de programas. Por conseguinte, é necessário desenvolver novas formas de resistir à influência externa. Esses mecanismos podem muito bem ser a formação de uma ideia nacional baseada nos valores tradicionais quirguizes e uma cooperação estreita com a Federação Russa, tanto no âmbito da EAEU como num formato bilateral. Uma utilização bem sucedida destes recursos pode, se não livrar o Quirguizistão da influência de um Estado terceiro, pelo menos minimizar as consequências negativas dessa influência.

---

[39] Ver: *Mishuchkov A.A.* Civilisation perspective of Eurasian integration / Bulletin of the Orenburg State University. - 2015. - №9 (184). - C. 10.

More
Books!

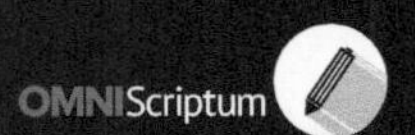

info@omniscriptum.com
www.omniscriptum.com
OMNIScriptum

Printed by Books on Demand GmbH, Norderstedt / Germany